FORT BRAGG BRANCH LIBRARY
MAY 1 9 1997 F

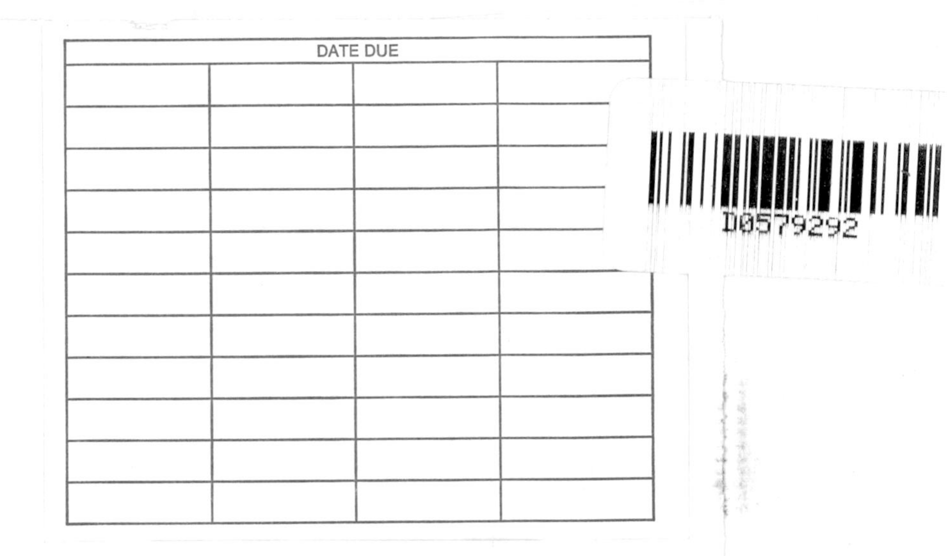

C2

E Sor Sp.

Sorensen, Lynda
La bandera Americana

GUMDROP BOOKS - Bethany, Missouri

LA BANDERA AMERICANA

SÍMBOLOS AMERICANOS

Lynda Sorensen

Español: Argentina Palacios

The Rourke Book Company, Inc.
Vero Beach, Florida 32964

© 1994 The Rourke Corporation, Inc.

All rights reserved. No part of this book may be reproduced or utilized in any form or by any means, electronic or mechanical including photocopying, recording or by any information storage and retrieval system without permission in writing from the publisher.

CRÉDITOS FOTOGRÁFICOS:
© Lynn M. Stone: portada, página de portada, páginas 8, 13; cortesía de National Park Service: página 4; © Renhard Brucker: página 7; © Frank Balthis: página 15; cortesía de U. S. Marine Corps: página 18; cortesía de U. S. Army Military History Institute: páginas 10, 12; cortesía de NASA: página 17; cortesía de Flagsource, J. C. Schultz Enterprises, Inc.: página 21

Library of Congress Cataloging-in-Publication Data

Sorensen, Lynda, 1953–
[Americanan flag. Spanish]
La bandera americana / Lynda Sorensen : español, Argentina Palacios
p. cm. — (Símbolos americanos)
Incluye índice
ISBN 1-55916-069-1
1. Banderas—Estados Unidos—Literatura juvenil. [1. Banderas—Estados Unidos] I. Título II. Serie.
CR119.S5718 1994
929.9'2'0973—dc20 94–20738
CIP
AC

Printed in the USA

ÍNDICE DE CONTENIDO

LA BANDERA AMERICANA

A la bandera americana se le llama cariñosamente "Old Glory", la "vieja gloria". Como todas las banderas, es sólo un pedazo de tela, pero tela con un gran significado.

Ondeando al viento, esta tela roja, blanca y azul ha dado júbilo y esperanza; ha inflamado a los hombres en la lucha y les ha servido para disfrutar de la victoria; ha hecho llorar de alegría y orgullo a incontables ojos.

La bandera de EE. UU. en el Monumento a Washington: poderoso mensaje en rojo, blanco y azul

LA PRIMERA BANDERA AMERICANA

Los americanos lucharon en la Guerra Revolucionaria (1775-1783) para ganar su independencia de Inglaterra. Los líderes de la **revolución** querían una bandera para representar al nuevo país.

La primera bandera se adoptó el 14 de junio de 1977. Tenía 13 franjas rojas y blancas y 13 estrellas en un fondo azul, en representación de las 13 colonias inglesas de esta parte de América que luchaban entonces por convertirse en los Estados Unidos de América.

Una bandera de 27 estrellas ondea sobre el viejo Fort Bent, como lucía por la década de 1840

LA DISEÑADORA DE LA PRIMERA BANDERA

Nadie sabe con certeza quién diseñó la primera bandera americana. La leyenda que menciona a Betsy Ross probablemente es falsa. Betsy Ross, una **costurera** de Filadelfia, cosía banderas durante la Guerra Revolucionaria pero no existe prueba de que ella diseñara o cosiera la primera bandera nacional.

Se cree que Francis Hopkinson, uno de los signatarios de la Declaración de Independencia, tuvo algo que ver con el diseño.

Una costurera de nuestros días cosiendo banderas de EE. UU.

8
RES

CAMBIOS EN LA BANDERA

Para 1794, dos estados más se habían unido a los 13 originales y se añadieron dos franjas más a la bandera. Para 1818, se habían juntado cinco estados más. El **Congreso** decidió que 20 eran demasiadas franjas para la bandera y votó a favor de volver al diseño original de 13 franjas rojas y blancas. Cada nuevo estado se representaría con una estrella adicional.

La bandera actual de los Estados Unidos tiene 50 estrellas blancas, una por cada uno de los 50 estados.

Esta rasgada bandera de EE. UU., en manos de un soldado de la Unión, sobrevivió en el campo de batalla durante la Guerra Civil

Una bandera americana cubre el ataúd del Presidente John F. Kennedy, asesinado en 1963

Rodeada por un mar de franjas y estrellas, una costurera da los toques finales a "Old Glory".

EL FUEGO COMO INSPIRACIÓN

Después de la Guerra Revolucionaria, los Estados Unidos lucharon contra Inglaterra en la Guerra de 1812. Durante ese período, Francis Scott Key escribió la letra del himno, "*The Star Spangled Banner*" (bandera reluciente de estrellas).

Sucedió así. Un día de septiembre de 1814, Key, que era abogado, navegaba hacia un buque de guerra inglés cerca del puerto de Baltimore, para negociar la libertad de un prisionero británico.

Esa noche, Key observó el cielo encendido por el fuego de los cañonazos que los ingleses tiraban a Fort McHenry en el puerto de Baltimore.

Una bandera de 15 estrellas, como la que vio Francis Scott Key, aún ondea sobre el reconstruido Fort McHenry

EL HIMNO: "THE STAR SPANGLED BANNER"

Los cañones británicos dejaron de tirar durante la noche. Key se preguntaba si Fort McHenry se habría rendido.

"A la luz temprana del amanecer," Key tuvo su respuesta. Las "franjas y las estrellas" todavía ondeaban sobre Fort McHenry.

El jubiloso Key decidió escribir un poema para celebrar el acontecimiento. Le puso de título "*Star Spangled Banner*" — bandera reluciente de estrellas.

En 1931, el poema de Key se convirtió en el himno, o canción nacional de los Estados Unidos de América.

Ciento cincuenta y ocho años después que Francis Scott Key vio las franjas y las estrellas ondear sobre Fort McHenry, John Young plantó la bandera en la luna

LA BANDERA EN LA GUERRA

Durante la Guerra Civil (1861-1865), los soldados del Norte llevaron la bandera de los Estados Unidos de América al campo de batalla. Los soldados del Sur llevaron la bandera de los Estados Confederados de América. Ambas banderas dieron ánimos a sus respectivos bandos en batalla.

Cincuenta años después, la bandera americana seguía ondeando en el campo de batalla. Infantes de marina americanos orgullosamente izaron la "Old Glory" tras una feroz batalla con soldados japoneses en Iwo Jima en 1945.

El Monumento a Iwo Jima recuerda a los infantes de marina de EE. UU. cuando izaron la bandera tras su sangrienta victoria en la isla en 1945

EL RESPETO A LA BANDERA

El código de la bandera de los Estados Unidos es un conjunto de reglas para honrar la bandera.

Este código dice que la bandera se debe izar durante el día, generalmente del amanecer al crepúsculo, cuando el tiempo no le haga daño. Si la bandera está izada de noche, debe ponérsele un reflector de luz.

También indica que la bandera nunca se debe usar como ropa y jamás debe tocar el suelo.

Una enorme bandera, de 100 pies de largo por 50 de ancho, cubrió casi nueve pisos en el edificio Wrigley en Chicago en 1991

McDonald's

EL DÍA DE LA BANDERA

El día de la bandera es el 14 de junio, el día de su cumpleaños. La gente iza banderas ese día en casas, escuelas, negocios y edificios públicos. Grupos patrióticos marchan en desfiles en honor de la bandera.

Otros días festivos también son "días de la bandera"—el 4 de Julio, el día de la Recordación (Memorial Day) y el día de los Veteranos, por ejemplo.

Toda bandera ondeando al viento recuerda sutilmente la gran honra, el poderío y la libertad del país.

Glosario

congreso—cuerpo de legisladores que, en los Estados Unidos, representan a todos los estados

costurera—una mujer que se gana la vida cosiendo

himno—una canción sagrada o muy importante

revolución—un levantamiento del pueblo contra su gobierno; una revuelta

signatario—una persona que firma

ÍNDICE